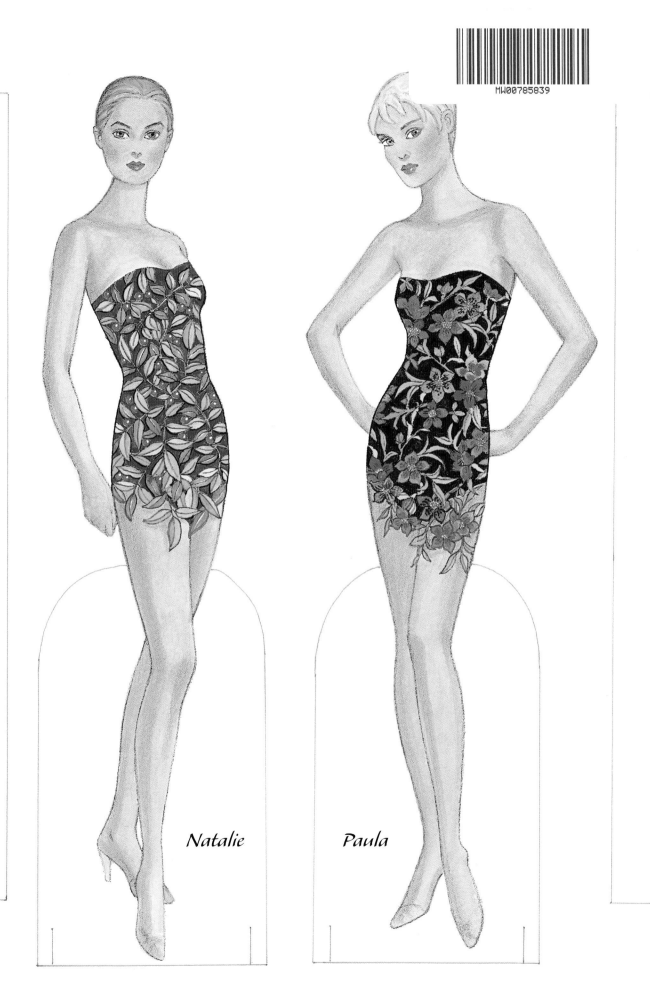

Natalie

Paula

MW00785839

Plate 1

Plate 2

Plate 3

P

P

Plate 4

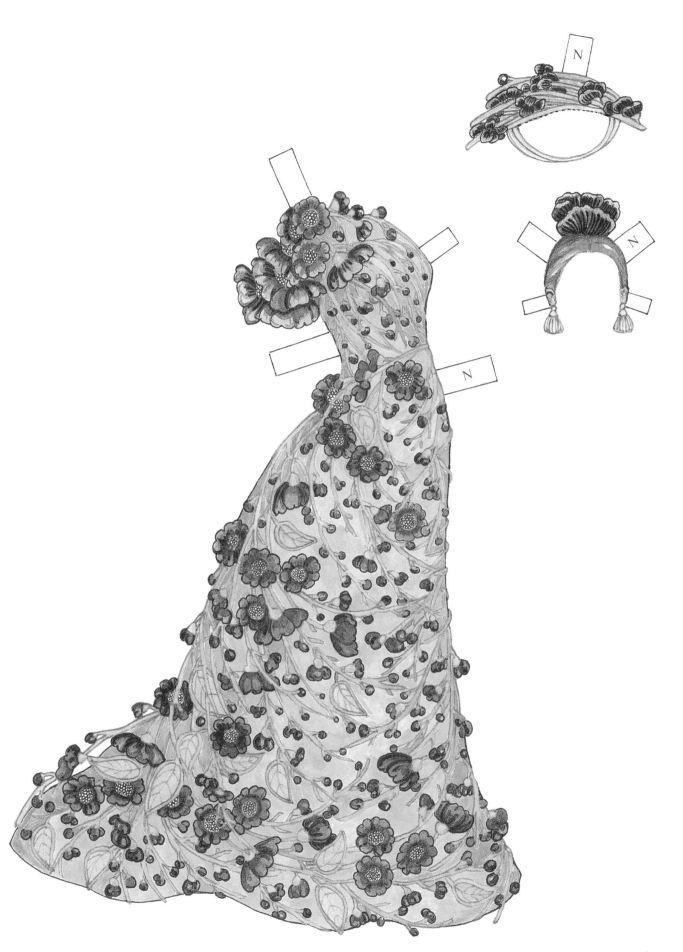

Plate 5

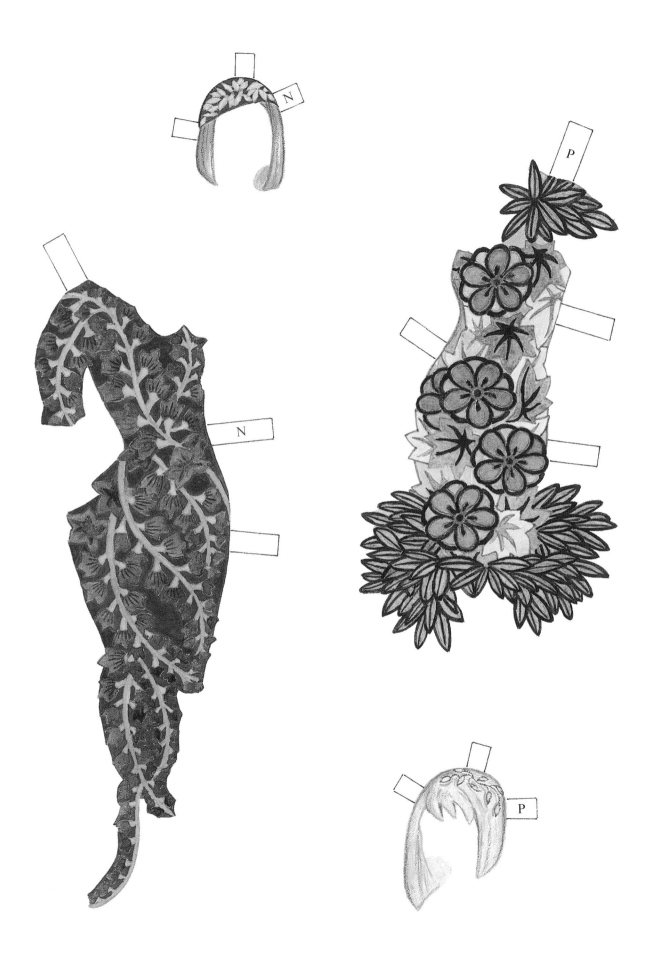

Plate 6

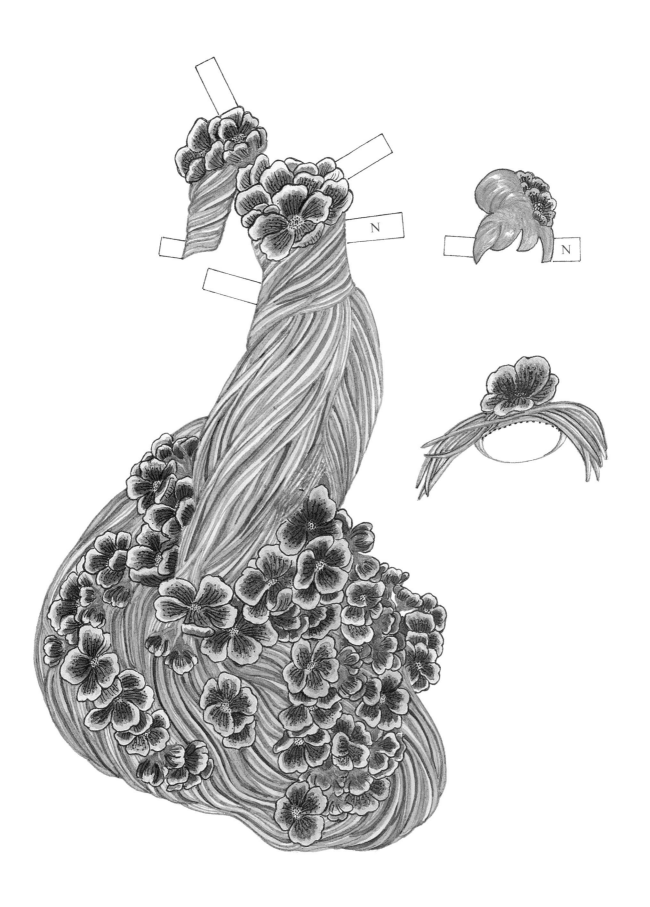

Plate 7

Plate 8

Plate 9

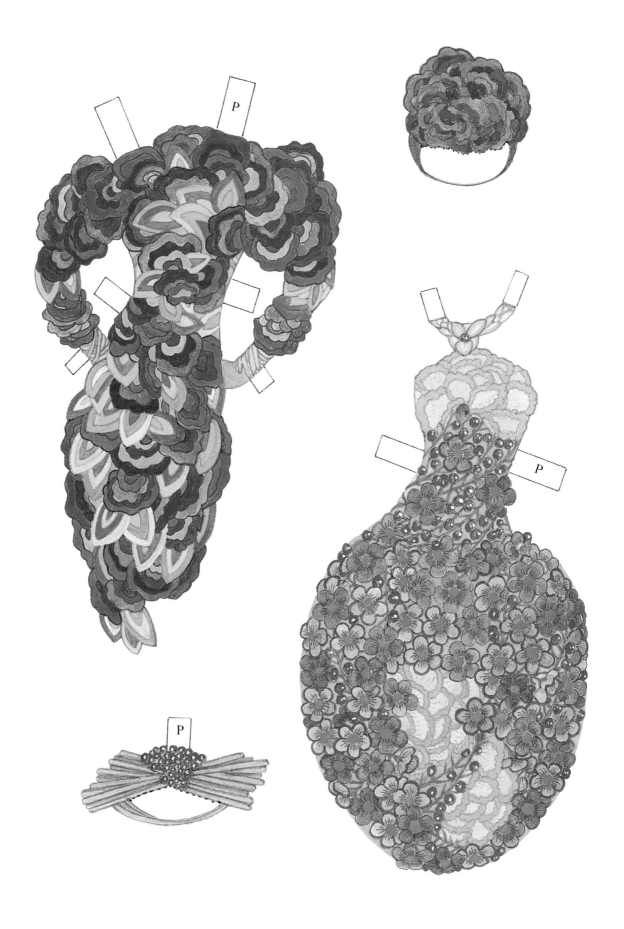

Plate 10

P

P

Plate 11

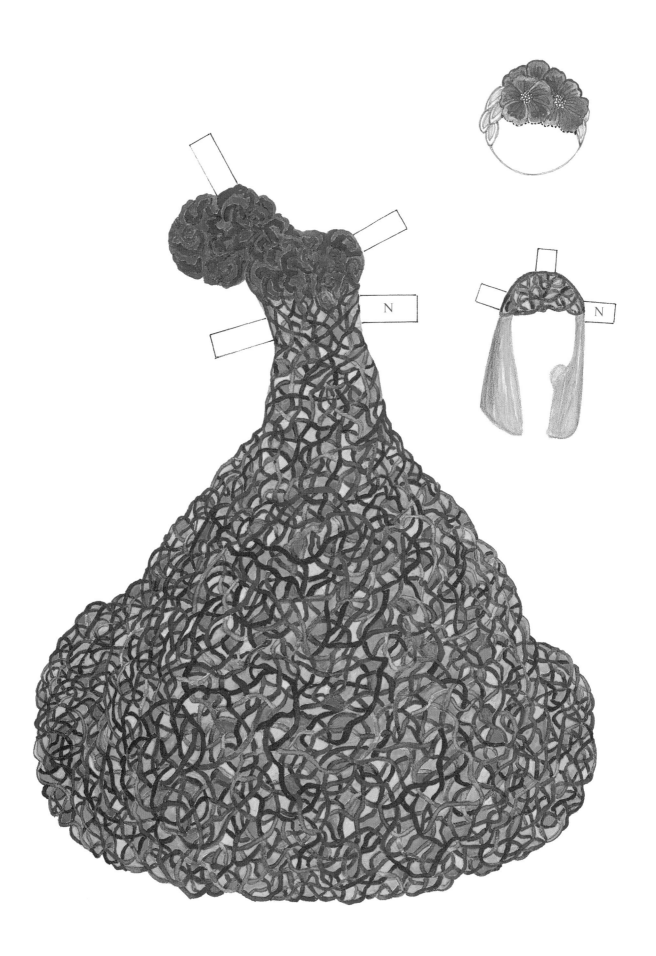

N

N

Plate 12

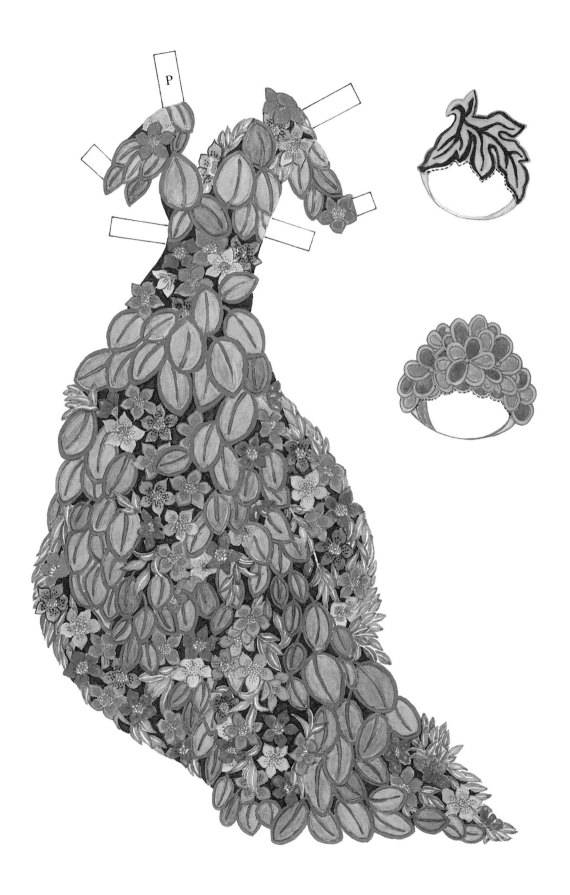

P

Plate 13

P

Plate 14

N

N

N

Plate 15

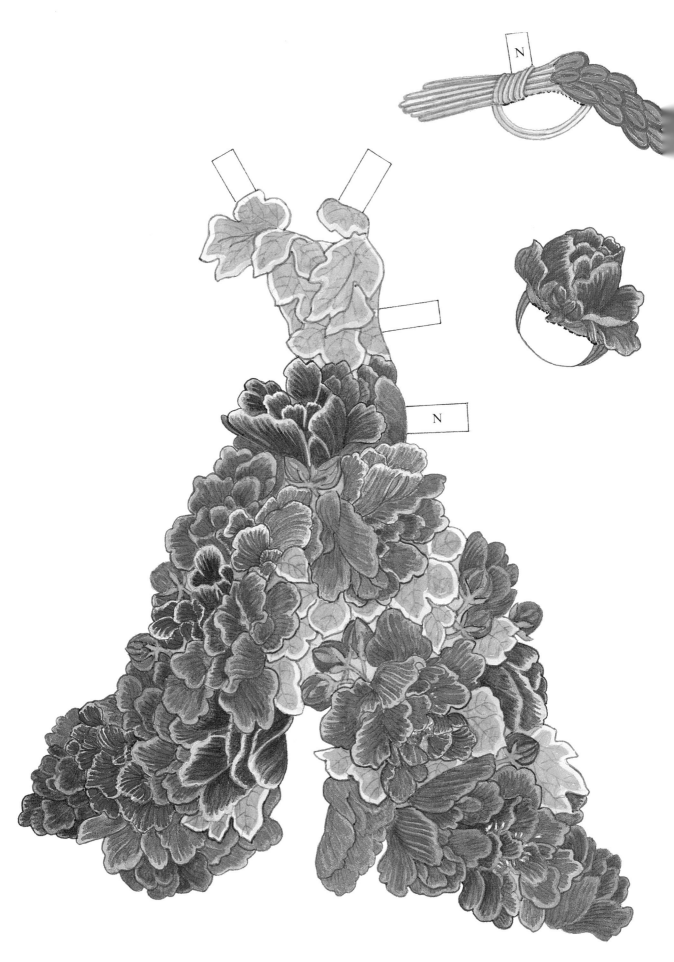

Plate 16